Erste Vorlesegeschichten
für die Kleinsten

Inhalt

Elli macht Regen   9

Piep will schlafen   11

Die Katzenbabys sind da   14

Schnecke sein ist schön   17

Olli macht Musik   21

Mit Opa im Zoo   23

Das ist mein Auto!   25

Donner und Blitz   29

Rico spielt Baustelle   34

Luca füttert die Enten   37

Hallo, wer ist dran?   40

Die Kissenschlacht   43

Harry Hase hört zu   47

Neue Freunde   53

Papa kann zaubern   55

Schatzsuche im Wald   58

Sandra will mit   61

Die Prinzessin ohne Krone   67

Niko kann das schon allein   71

Was raschelt da?   73

Draußen vor dem Fenster   77

Picknick mit Ameisen   79

Der Zauberteppich   81

Der Bücherzauber   85

Auf dem Rummel   89

Unwetter in der Badewanne   92

Ich will auch ein Haustier   95

Das Wetthoppeln   99

Quatschwörter   106

Die Kuh und die Fliege   109

In der Hüpfburg   113

Das Loch im Gespensterkleid   116

Alles Gute zum Geburtstag   119

Daniel malt blau   123

Elli macht Regen

Elli steht im Garten. Heute ist es warm und die Sonne scheint. Vorhin hat Papa die Blumen gegossen. Elli durfte mit ihrer Kindergießkanne helfen. Jetzt sitzt Papa im Schatten auf der Terrasse und liest Zeitung. Elli möchte noch mehr gießen. Aber die Gießkanne ist leer. Da entdeckt Elli den Gartenschlauch, den Papa eben benutzt hat. Er hängt an einem Wasserhahn. Aus dem kommt Wasser, wenn man ihn aufdreht. Das weiß Elli natürlich. Sie schleicht zum Wasserhahn.

Dort legt sie ihre Hand auf den Hahn. Mit aller Kraft versucht sie, ihn aufzudrehen. Aber er bewegt sich kein bisschen. Elli bläst ihre Backen auf und versucht es noch einmal. Jetzt klappt es. Erst langsam und dann immer schneller lässt sich der Hahn drehen. Elli lacht. Plötzlich hört sie ein Rauschen. Aus den Augenwinkeln kann sie erkennen, dass sich der Gartenschlauch auf dem Boden bewegt.

Mit einem Mal spürt Elli, wie ihr Wasser ins Gesicht spritzt. Der Gartenschlauch schlägt wilde Saltos. Wasser ergießt sich über Elli, über den Rasen und spritzt sogar ans Küchenfenster.

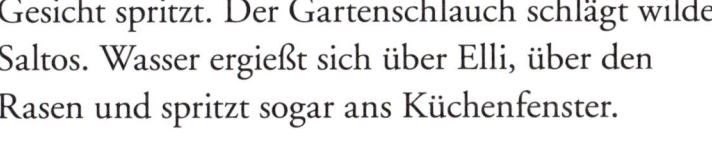

„Es regnet!", ruft Elli begeistert. Papa kommt angelaufen.
Schnell dreht er den Wasserhahn zu.

„Was soll denn das? Jetzt bist du pitschnass", sagt er, als er sich zu
Elli hinunterbeugt.

„Nicht schlimm", sagt Elli, „ist ja warm." Papa lacht. Das stimmt
natürlich.

„Gut, du darfst noch ein bisschen mit dem Gartenschlauch
spielen. Aber zuerst ziehst du deinen Badeanzug an",
bestimmt er.

Elli nickt. Im Badeanzug ist selbst gemachter Regen bestimmt
noch schöner.

Piep will schlafen

Es ist Abend. Der kleine Vogel Piep ist ziemlich müde. Er sieht
sich um. Wo soll er heute schlafen? Er flattert über die Wiese. Da
entdeckt er ein Loch im Stamm einer alten Eiche. Piep flattert
aufgeregt hin und späht in das Loch.
„He!", ruft eine Stimme aus der Baumhöhle. Ein Specht blinzelt
aus dem Loch im Baum.
„Das ist mein Schlafplatz. Stör mich nicht."
Piep macht sich wieder auf die Suche. Am Boden entdeckt er
einen Haufen Blätter. Dort hat sich ein Igel zusammengerollt:
Piep landet mitten im Laub.

„Was machst du hier?", will der Igel wissen.

„Ich suche einen Platz zum Schlafen", meint Piep.

„Hier kannst du nicht bleiben. Das ist mein Laubhaufen."

Schade! Hier hätte es Piep gefallen. Er breitet seine Flügel aus und fliegt weiter.

Da sieht er etwas Dunkles herumflattern. Es ist eine Fledermaus.

„Fliegst du zu deinem Schlafplatz?", will Piep wissen.

Die Fledermaus lacht.

„Ich schlafe doch jetzt nicht. Nachts bin ich wach. Dafür hänge ich mich am Tag kopfüber an einen Ast und schlafe mich aus."

Piep seufzt. Er will nicht am Tag schlafen. Er braucht jetzt einen Platz, um endlich die Augen zuzumachen. Auf einmal hört er ein leises Zwitschern:

„Piep, piep! Komm, du kannst in meinem Nest schlafen."

Piep reckt den Kopf. Ganz oben auf der Buche ist zwischen zwei Ästen ein wunderbar gepolstertes Nest zu sehen. Darin sitzt eine Amsel, die ihm freundlich zuwinkt. Erleichtert fliegt Piep zu ihr. Hier sieht es ziemlich bequem aus.

„Schlaf gut", flüstert Piep, nachdem er es sich neben der Amsel im Nest gemütlich gemacht hat. Dann ist er auch schon eingeschlafen.

Die Katzenbabys sind da

Hurra! Heute ist Oma-Besuchstag. Kaum hat
Mama den Gurt am Kindersitz gelöst, hüpft
Elena aus dem Auto und läuft zu Omas Haustür.
Sie drückt den Klingelknopf und wartet
ungeduldig. Endlich öffnet Oma die Tür.
„Hallo, meine Große. Ich habe eine Über-
raschung für dich", zwinkert Oma Elena zu.
Aufgeregt hüpft Elena von einem Bein auf
das andere. Oma winkt Elena und Mama
hinter sich her ins Haus. Gemeinsam gehen sie den Flur entlang.
Vorsichtig öffnet Oma die Tür zum Wohnzimmer. Elena hält
vor Spannung die Luft an. Da hört sie ein leises „Miau".
„Mimi", flüstert Elena, denn so heißt Omas Katze. Das weiß
Elena natürlich. Oma lächelt und nickt.
„Aber da sind noch mehr Kätzchen, schau."
Elena schleicht hinter Oma ins Wohnzimmer.
„Mimi hat vorige Woche zwei Katzenbabys bekommen."
Elena staunt. Die Katze Mimi liegt zusammengerollt in ihrem
Korb. Vor ihr tapsen zwei kleine Katzen. Elena kniet sich auf
den Boden. Langsam streckt sie ihre Hand aus. Sie streichelt
ganz sanft über das Fell des kleinen schwarzen
Katzenbabys. Dann streichelt sie das braun-
gescheckte Kätzchen. Es reibt seinen Kopf
begeistert an Elenas

Hand. Mit seiner kleinen Zunge leckt es über Elenas Finger. Das kitzelt ein bisschen. Plötzlich reißt das Kätzchen das Maul weit auf. Elena kann die spitzen kleinen Zähne sehen.
„Hilfe!", ruft Elena erschrocken und zieht ihre Hand zurück. Ob die Katze sie beißen will?

Oma lacht. „Keine Angst. Das Kätzchen ist nur müde. Katzenbabys müssen viel schlafen. Komm, wir lassen sie wieder in Ruhe."
Elena nickt. „Aber später kommen wir wieder", sagt sie. Dann winkt sie den Kätzchen und folgt Oma ins Wohnzimmer. Denn dort warten Kuchen und Kakao auf sie.

Schnecke sein ist schön

Ganz allein kriecht die Schnecke über die große Wiese. Das
Haus auf ihrem Rücken ist schwer. Sie kommt nur langsam
voran. Neben ihr saust eine Ameise vorbei.
„Du lahme Schnecke", ruft sie. „Schau mal, wie schnell ich bin."
Das gefällt der Schnecke nicht. Sie lässt ihre Fühler hängen.
Am Himmel fliegt eine Biene. Sie sieht die Schnecke und landet
neben ihr.
„He, Schnecke", sagt sie, „du hast aber ein großes Haus zu
tragen. Mir geht es besser. Ich bin leicht und kann fliegen." Sie
breitet ihre Flügel aus und erhebt sich in die Luft. Traurig blickt
die Schnecke ihr hinterher.
Auf einem Grashalm sitzt ein Schmetterling und bewegt die
bunten Flügel.

„Du bist aber schleimig", sagt er zur Schnecke. „Sieh mich an, ich bin viel schöner."

Jetzt ist die Schnecke unglücklich. Ganz langsam kriecht sie weiter.

Da bemerkt sie, dass ihr ein Wassertropfen auf den Kopf fällt. Und noch einer. Schnell zieht sie ihren Kopf ein und versteckt sich in ihrem Haus. Hier drinnen ist es dunkel und gemütlich. Und trocken. Die Schnecke hört viele Tropfen auf ihr Haus prasseln.

Dann wird es ruhig. Vorsichtig streckt die Schnecke ihre Fühler aus. Ja, der Regen ist vorbei.

Die Wiese ist ganz nass. Das ist gut, so kann sie besser kriechen.

Da kommt die Ameise wieder vorbei.

„Puh, bin ich nass geworden", schimpft sie, „sei froh, dass du ein Haus hast."

Unter einem Busch sitzt die freche Biene und meckert.

„Immer dieser blöde Regen! Gerade als das Fliegen so einen Spaß gemacht hat, musste ich unter einem Blatt in Deckung gehen. Hoffentlich geht es nicht gleich wieder los!"

Langsam und vergnügt gleitet die Schnecke auf ihrer Schleimspur voran. Jetzt findet sie es schön, eine Schnecke zu sein.

Olli macht Musik

La, la, la. Olli tanzt singend durchs Kinderzimmer. Jetzt würde er gerne gemeinsam mit Papa singen und tanzen. Aber Papa sitzt am Schreibtisch und hat keine Zeit.

Olli geht in die Küche. Vielleicht ist Mama dort. Aber die Küche ist leer. Olli will schon nach Mama rufen. Doch da entdeckt er etwas. Die Tür des Küchenschranks steht offen. Olli weiß, dass darin viele Töpfe stehen. Plötzlich hat Olli eine Idee.

Er kniet sich auf den Boden vor den Schrank und zieht zwei Töpfe heraus. Dann öffnet er die Besteckschublade. Er holt einen Kochlöffel aus Holz und einen Schneebesen. Zufrieden stellt Olli die Töpfe mit der Öffnung nach unten vor sich auf. In eine Hand nimmt er den Kochlöffel, in der anderen Hand hält er den Schneebesen. Und dann geht es los!

Olli schlägt erst vorsichtig mit dem Holzlöffel auf einen Topf. Das klingt dumpf. Jetzt klopft er mit dem Schneebesen auf den anderen Topf. Ein rasselndes Geräusch ertönt.

„Schön!", findet Olli. „Aber viel zu leise." Olli holt aus und trommelt kräftig und schnell mit Kochlöffel und Schneebesen gleichzeitig auf die Töpfe. Das klingt wunderbar.

„He, was machst du denn da?", ruft Papa.

Er kommt in die Küche gerannt. Hinter ihm kommt Mama angelaufen.

„Ich mache Musik", erklärt Olli stolz.

21

„Ach so." Papa kratzt sich am Kopf. Dann setzt er sich neben
Olli auf den Boden.
„Gib mir mal den Kochlöffel. Ich mach mit", beschließt Papa.
Dann trommeln Olli und Papa gemeinsam.
„Viel zu laut", ruft Mama. Dabei hält
sie sich die Ohren zu.
Doch das ist Olli und Papa
egal. Sie finden ihre Musik
ganz großartig.

Mit Opa im Zoo

Helene und Opa gehen heute zusammen in den Zoo. Erst müssen sie sich in der Schlange vor dem Kassenhäuschen anstellen, bis sie an der Reihe sind. Opa bezahlt den Eintritt. Dann dürfen sie durch das Tor hinein zu den Tieren.

„Tröö, tröö", hört Helene ein Geräusch.

„Was war das?", fragt sie. Opa zuckt mit den Schultern.

„Vielleicht die Tiere dort vorne", überlegt er.

Helene zieht Opa hinter sich her. In dem Gehege sind Papageien.

„Kraa, lola, kraa", krächzt einer der bunten Vögel.

Helene schüttelt den Kopf. Papageien machen ganz andere Geräusche. Plötzlich hört Helene es wieder: „Tröö, tröö."

„Komm", sagt sie und winkt Opa weiter.

Vor einem großen Gehege mit einem Wasserbecken bleibt sie stehen. Dort liegen graubraune Tiere am Beckenrand.

„Das sind Seehunde", erklärt Opa.

„Uuuh, uuh", ruft einer der Seehunde, hebt seine Schwanzflosse und lässt sich ins Wasser plumpsen.

Helene und Opa gehen weiter. Sie kommen an einem hohen
Zaun vorbei. Helene lauscht. Sie kann nichts hören.

„Schau", sagt Opa. Er deutet auf das Tier, das auf einem Felsen
liegt. Das ist ein Löwe.

„Der schläft", flüstert Helene und schleicht auf Zehenspitzen
weiter. Plötzlich hört sie ganz laut: „Tröö, tröö!"

Helene bleibt stehen und blickt sich um. Da! In dem Gehege vor
ihr steht ein riesengroßes graues Tier. Es hat zwei Ohren so groß
wie Bettdecken.

„Ein Elefant", staunt Helene. Das Tier hebt seinen Rüssel und
macht: „Tröö, tröö."

„Du warst das!", ruft Helene zufrieden. Sie hebt ihre Arme
und hält sie wie einen Rüssel vors Gesicht. Dann trötet sie wie
der dicke Elefant. Helene bemerkt, dass der Elefant sie genau
ansieht.

„Tröö, tröö", macht er in Helenes Richtung.

„Opa, der Elefant spricht mit mir", ruft Helene stolz. Opa lacht.

„Vielleicht hat er gesagt, dass er genau so gerne Eis mag wie du."
Helene grinst. Eis ist eine gute Idee. Zum Abschied winkt sie
dem Elefanten noch einmal zu. Dann schlendert sie mit Opa
zum Kiosk, an dem es leckeres
Eis zu kaufen gibt.

Das ist mein Auto!

Gestern hatte Valentin Geburtstag.
Von seiner Oma hat er ein glänzendes,
silberblaues Polizeiauto geschenkt
bekommen. Das Blaulicht auf dem Dach
blinkt, wenn man draufdrückt. Das möchte er seinem
Freund Robin zeigen. Der ist nämlich heute zum Spielen da.
Gemeinsam sitzen die beiden auf dem Verkehrsteppich in
Valentins Zimmer.
„Schau", sagt Valentin und hält Robin das tolle Auto hin.
„Schön. Lass mal sehen." Robin greift begeistert nach dem
Polizeiauto. Aber Valentin schüttelt den Kopf und nimmt es
schnell weg.

„Das ist meins!", sagt er und versteckt das Auto hinter seinem Rücken. Doch dann holt er es wieder hervor und drückt auf das Blaulicht. Es blinkt. Robin staunt.

„Ich will auch probieren", ruft er und greift erneut nach dem Polizeiauto. Diesmal kann Valentin es nicht schnell genug wegziehen. Robin hat es erwischt und hält es ganz fest.

„He!", schreit Valentin. „Gib das Auto sofort her!"

Aber Robin denkt gar nicht daran. Er stellt es auf den Boden und hält seine Hand darauf.

Was soll das? Wütend strampelt Valentin mit den Füßen. Er ist so ärgerlich, dass er ein bisschen weinen muss. „Mein Auto!", schluchzt Valentin.

Da gibt Robin dem Auto einen Schubs. Langsam rollt es über den Teppich zu Valentin. Sofort schnappt er es sich. Schon will Valentin es wieder hinter seinem Rücken verschwinden lassen. Aber da hat er eine Idee.

Er dreht das Polizeiauto in die andere Richtung, schiebt es kräftig an und ruft: „Tatütata, hier kommt die Polizei."

Robin grinst. Er hat verstanden. Als das Auto bei ihm ankommt, schiebt er es zurück zu Valentin.

Der lässt es wieder zu Robin fahren. Das Auto saust hin und her. Das macht Spaß! So ist es viel schöner, als allein damit zu spielen, findet Valentin. Und dass Robin das schöne Polizeiauto auch anfassen darf, ist gar nicht mehr schlimm.

Donner und Blitz

Hilfe, was ist das? Emil setzt sich mit einem Ruck in seinem Hochbett auf. Etwas hat ihn geweckt. Etwas ganz Lautes. Da hört er den Lärm noch einmal. Es rumpelt und knallt furchtbar. Erschrocken schaut Emil sich in seinem Zimmer um. Es ist dunkel. Nichts bewegt sich. Auf einmal wird das Fenster ganz hell. Emil stockt der Atem. Dann hört er noch einen Knall. Emil fängt an zu weinen.

„Mama", schreit er. Er versteckt sich unter seiner Bettdecke und wimmert. Er will das schreckliche Knallen nicht noch einmal hören und das unheimliche Licht nicht noch einmal sehen. Aber Mama kommt nicht. Emil will zu ihr. Er rutscht an den Rand seines Hochbettes. Ganz vorsichtig setzt er seinen Fuß auf die oberste Stufe der Leiter. Er hält sich fest und klettert zwei Stufen nach unten. Doch da knallt es schon wieder.

„Nein!", schreit Emil laut und springt zurück in sein Bett. Im selben Moment leuchtet es im Fenster wieder hell auf.

Nein, das ist ihm zu gefährlich. Er kann nicht aus seinem Bett heraus. Aber was soll er nur tun, wenn Mama nicht kommt? Oder Papa? Keiner kann ihm dann helfen.

Emil holt tief Luft und schreit
ganz laut: „Maaamaaa! Paaapaaa!"
Zum Glück! Jetzt kommen beide in
sein Zimmer gesaust. Sie stehen vor
seinem Bett und Mama streicht ihm
über den Kopf.

„Oh je", sagt sie, „hat das Gewitter
dich erschreckt?" Emil nickt. Sagen
will er nichts. Er schaut seine Eltern
verängstigt an.

„Willst du in unser Bett?", fragt
Papa. Wieder nickt Emil. Papa
trägt ihn ins große Schlafzimmer.
Noch einmal blitzt und donnert
es. Aber jetzt liegt Emil zwischen
Mama und Papa. Da ist es sicher.

Eine Karotte für Meerschweinchen Locke

Simon steht in der Küche. Er sieht Mama beim Kochen zu. Es gibt Gemüsesuppe. Dafür schält Mama erst eine Zwiebel und macht kleine Würfel daraus. Simon muss sich die Nase zuhalten. Er findet, dass Zwiebeln stinken. Dann schabt Mama eine Karotte. Simon mag Karotten. Aber nur ein bisschen. Viel lieber mag er etwas anderes.

„Kann ich Schokolade haben?", fragt Simon. Mama schüttelt den Kopf.

„Erst nach dem Essen", sagt sie. Aber Simon will jetzt Schokolade haben. Er stampft wütend mit dem Fuß auf den Boden. Mama hält Simon eine Karotte hin.

„Magst du vielleicht davon ein Stück?",
fragt sie.

„Nein", ruft Simon. Mama lächelt.

„Ich kenne jemanden, der sich über
eine Karotte freuen würde."

Wen Mama wohl meint? Da fällt es
ihm ein.

„Locke!", ruft er und schnappt sich die
Karotte aus Mamas Hand.

„Darf ich ihm die Karotte bringen?"
Mama nickt und lacht. Simon flitzt
sofort los. Locke wohnt gleich gegenüber. Es
ist das Meerschweinchen von Herrn Gruber. Simon läuft
aus der Wohnung und klingelt an Herrn Grubers Tür. Wenige
Augenblicke später geht die Wohnungs-tür auf.

„Was machst du denn hier?", fragt Herr Gruber erstaunt.

„Ich hab was für Locke", grinst Simon und wedelt mit der
Karotte herum.

„Na, dann komm rein", lacht Herr Gruber. Gemeinsam gehen
sie ins Wohnzimmer, wo der Meerschweinchenkäfig steht. Locke
kommt auch schon angelaufen und schnuppert.

„Magst du vielleicht dafür ein Stück Schokolade?", will Herr
Gruber wissen. Simon nickt. Das ist
schließlich seine Belohnung. Und
die darf man sicher noch vor dem
Mittagessen genießen, findet er.

Rico spielt Baustelle

Rico sitzt im Sandkasten. Mit seinem gelben Bagger fährt er holpernd über den Sand.

„Brumm, brumm. Tüüüt", murmelt Rico. Er hält den Bagger an und drückt die Schaufel nach unten. Rico gräbt mit der Schaufel tief in den Sand und hebt eine Ladung nach oben.

„Das ist eine große Baustelle", stellt er fest. Dann dreht er die Baggerschaufel zur Seite und kippt den Sand aus.

Rico will ein großes Loch graben. So wie vor dem Haus, in dem er wohnt. Dort arbeiten gerade echte Bagger. Rico kann das Brummen der Motoren hören.

„In den Löchern in der Straße werden Rohre vergraben", hat Papa ihm erklärt. Rico schiebt seinen Bagger etwas weiter nach vorne. Er greift eine neue Ladung Sand mit der Schaufel. Als er sie auf den Haufen kippt, ist der schon richtig hoch. Rico gräbt und gräbt. Da fällt ihm etwas ein.

„Ich will auch Rohre vergraben", murmelt er. Rico sieht sich um. Nirgendwo kann er ein Rohr entdecken. Aber er spürt etwas Hartes in seiner Hose. Er lässt den Bagger los und schiebt seine Hand in die Tasche. Als er sie wieder herauszieht, liegt darauf ein roter Baustein.

„Geht auch", findet Rico. Schnell lässt er

den Baustein in das Loch im Sand plumpsen. Er greift wieder
nach dem Bagger.

„Brumm, brumm", ruft Rico laut und schiebt mit der Baggerschaufel Sand auf den Baustein. Bald ist der rote Stein nicht
mehr zu sehen. Zufrieden lässt Rico seinen Bagger über die Stelle
rollen, unter der der Baustein vergraben liegt. Vielleicht gräbt er
den Baustein später wieder aus. Jetzt ist er aber erst einmal fertig
mit seiner Baustelle. Rico springt auf. Er will
den Bauarbeitern vor dem Haus zusehen.
Denn die arbeiten immer noch. Das
kann Rico genau hören.

Luca füttert die Enten

Lucas Mama steht in der Küche und öffnet einen Schrank. Sie holt eine Tüte mit altem Brot heraus. Damit wollen sie die Enten im Park füttern.

Draußen ist es warm und sonnig.

„Genau das richtige Wetter zum Entenfüttern", sagt Mama.

Gemeinsam spazieren sie zum Park. Gleich hinter dem Eingang liegt der Teich.

„Luca, du darfst nicht zu nah ans Wasser gehen", mahnt Mama. Luca nickt.

Mama gibt ihm eine Scheibe Brot. Luca zerpflückt das Brot in kleine Stücke und legt sie auf einen Haufen. Er nimmt ein Stück und will es in den Teich werfen. Aber der Krümel landet auf dem Boden. Luca will ihn aufheben.

„Halt!", schreit Mama und hält Luca an seinem Pullover fest. „Nicht so nah ans Wasser gehen." Luca bleibt stehen und versucht es noch einmal. Wieder landet das Brotstück auf dem Boden.

Jetzt haben die Enten gemerkt, dass Luca sie füttern will. Mit einem Platscher hüpft eine aus dem Wasser und schnappt sich die Brotkrümel. Dann watschelt sie auf Luca zu und sperrt den Schnabel weit auf. Luca bekommt Angst. Er will, dass die Ente verschwindet.

„Kscht, kscht", macht Mama und scheucht
die Ente zurück ins Wasser. Sie hebt Lucas
Krümel vom Boden auf.

„Komm, wir versuchen es zusammen", sagt
sie. Sie nimmt Lucas Hand in ihre und
legt ein Brotstückchen hinein. Zusammen werfen sie es. Es fliegt
ganz weit und landet im Wasser. Dann werfen sie die anderen
Krümel hinterher. Die Enten tauchen mit dem Kopf ins Wasser
und fressen die Brotstücke. Das gefällt Luca.

„Noch mal?", fragt Mama und hält Luca eine Scheibe Brot
hin. Luca nimmt das Brot und schüttelt den Kopf. Er will jetzt
lieber zuschauen. Dabei beißt er von dem Brot ab. Das schmeckt
lecker!

Hallo, wer ist dran?

Am Sonntag wollen Adrian und seine Eltern Tante Anni
besuchen. Das ist Mamas Schwester. Sie wohnt auf einem
Bauernhof. Adrian freut sich.

Im Wohnzimmer sitzt Mama auf dem Sofa. Sie hat das Telefon
in der Hand.

„Ich will Anni anrufen", sagt sie. „Möchtest du mit ihr
sprechen?"

Das möchte Adrian gern. Dann kann er ihr sagen, dass sie am
Sonntag zu ihr kommen.

Mama drückt nacheinander die Zahlen von Tante Annis
Telefonnummer. Danach tippt sie auf das Zeichen mit dem
grünen Hörer und reicht Adrian das Telefon.

Adrian zögert. Er kann doch noch gar nicht allein telefonieren.
Was soll er denn sagen? Er hält sich den Hörer ans Ohr. Zuerst
kommt ein dunkler Piepton. Dann noch einmal. Danach knackt
es ein bisschen. Jetzt hört er Tante Annis Stimme.

„Weber", sagt sie. Ihre Stimme klingt anders. Adrian sagt nichts.

„Hallo, wer ist dran?", fragt Tante Anni.

„Ich", antwortet Adrian. Einen Moment hört er nichts. Jetzt
sagt Tante Anni: „Adrian, hallo, bist du das?"
Adrian nickt. Dann hält er Mama das Telefon
hin. Mama lächelt und redet mit ihrer
Schwester. Danach drückt sie auf das
Zeichen mit dem roten Hörer.

„Gut gemacht", sagt sie
zu Adrian, „du hast fast
allein telefoniert."
Tante Anni will
gleich noch einmal
zurückrufen.
„Ich habe eine Idee",
sagt Mama.
„Wollen wir einen Spaß mit
Tante Anni machen?"

Adrian nickt.

„Wenn es gleich läutet, nehme ich den Hörer und sage Hallo.
Gleichzeitig machst du ganz laut wau wau".

Adrian schaut Mama verständnislos an.

„Dann denkt Tante Anni, hier ist ein Hund", erklärt Mama.
Jetzt hat Adrian verstanden.

Schon klingelt das Telefon. Mama drückt den grünen Hörer und
sagt: „Hallo."

Sofort fängt Adrian an, ganz laut zu bellen: „Wau wau wau."

Mama hat den Lautsprecher angestellt, sodass er Tante Annis
Stimme hören kann.

„Hallo," fragt sie erstaunt, „habt ihr einen Hund?"

Da müssen Adrian und Mama lachen. Mama erklärt Tante
Anni: „Nein, das war Adrian, der gebellt hat."

Tante Anni lacht.

Adrian freut sich. Er kann jetzt telefonieren und am Telefon
Witze machen.

Die Kissenschlacht

Mara sitzt auf dem Sofa im Wohnzimmer und hat sich an Mama gekuschelt. Sie hat schon ihren Schlafanzug an. Mama hält Maras Lieblingsbuch in der Hand. Daraus hat sie eben eine Gutenachtgeschichte vorgelesen.

„Noch eine Geschichte", bettelt Mara.

Mama schüttelt den Kopf.

„Jetzt ist es Zeit, ins Bett zu gehen", sagt sie und klappt das Buch zu.

Aber Mara will nicht.

„Spielen wir noch was?", fragt sie.

„Aber Mara, es ist doch schon spät."

Mama steht auf und will Mara hochheben. Doch Mara ist schneller. Sie flitzt in ihr Zimmer und lässt sich auf das Bett fallen. Dort zieht sie sich die Bettdecke über den Kopf.

„Du musst mich suchen!", murmelt sie unter der Decke hervor.

Mama kommt hinter Mara her und lacht. Dann überlegt sie: „Wo könnte meine kleine Mara nur sein?"

Mara muss kichern. Sie kann unter der Bettdecke nichts sehen. Sie hört nur Mamas Schritte. Das ist sehr aufregend. In Maras Bauch kitzelt es. Plötzlich wird die Bettdecke über Mara weggezogen.

„Ich hab dich!", ruft Mama. Mara lacht. Sie schnappt sich ihr Kopfkissen und wirft es auf Mama.

„Na warte!" Mama lacht und wirft das Kissen zurück zu Mara.

„Kissenschlacht", jubelt Mara. Zack und zack. Das Kissen fliegt hin und her. Das macht Spaß!

„Ich kann nicht mehr", sagt Mama atemlos. Mara gähnt. Jetzt ist sie wirklich müde. Sie nimmt ihr Kopfkissen und legt es an die richtige Stelle in ihrem Bett. Mama zieht die Bettdecke hoch und deckt Mara zu.

„Schlaf gut, Mara", sagt Mama und gibt ihr einen Kuss. Mara kuschelt sich in ihr Kissen und macht die Augen zu.

Harry Hase hört zu

Tim liegt auf dem Boden in seinem Kinderzimmer. Er schnieft.
Tim hatte Ärger mit Mama, weil er einen Erdbeerlutscher haben
wollte. Aber Mama hat „Nein" gesagt. Da musste Tim ganz laut
schreien. Dann ist er in sein Zimmer gelaufen.

Tim sieht sich um. Hinter der Spielzeugkiste kann er zwei
braune Stoffohren erkennen. Er krabbelt zur Kiste und zieht
an den Ohren. Harry Hase, sein Kuscheltier, kommt zum
Vorschein. Tim nimmt Harry in den Arm.

„Lutscher", murmelt er in Harrys lange Ohren. Der Kuschelhase
wippt leicht mit dem Kopf. Tim atmet auf. Harry hat ihn
verstanden. Bestimmt mag er Erdbeerlutscher genauso gerne wie
er. Tim merkt, dass er schon viel weniger wütend ist.

„Nein, nein, nein", flüstert Tim. Genau wie Mama vorher. Er
nimmt Harrys kuschelige Hasenpfote und drückt sie an seine
Wange. Harry Hase streichelt Tim ein bisschen. Das ist schön.
Tim presst seine Nase ganz fest an Harrys Fell. Jetzt geht es ihm
wieder gut.

Da geht die Tür auf. Mama kommt ins Kinderzimmer. Sie hat
eine Hand hinter ihrem Rücken versteckt.

„Ich habe dir etwas mitgebracht", sagt
sie und kniet sich neben Tim und Harry
auf den Boden. Tim zieht Mamas Arm
neugierig nach vorne. Auf ihrer Hand
liegt eine große rote Erdbeere.

„Statt Lutscher", sagt sie. „Magst du?"

Tim nickt. Er nimmt die Erdbeere. Doch da fällt ihm ein, dass
Harry sicher auch etwas abhaben will. Darum hält er zuerst
Harry die Erdbeere vor sein Fellgesicht. Aber ganz vorsichtig,
damit Harrys Fell nicht schmutzig wird. Dann steckt sich Tim
die Erdbeere in den Mund.

„Ich glaube, Harry mag Erdbeeren genauso gerne wie du", lacht
Mama. Da muss Tim auch lachen.

Blöde Hose!

Sophie, bitte zieh dich an!
Das war Papas Stimme aus dem Wohnzimmer. Aber Sophie will
sich nicht anziehen. Sie sitzt in ihrem Zimmer und spielt mit
Bauklötzen. Der Turm ist schon ziemlich groß.
„Sophie, hast du mich gehört?", ruft Papa. Sophie antwortet
nicht. Stattdessen stellt sie einen grünen Bauklotz auf den Turm.
Jetzt ruft Papa ganz laut.
„Sophie!"
„Ja, ja", murmelt sie.
Murrend steht sie auf und geht ins Bad. Auf dem Rand der
Badewanne liegen ihre Sachen. Papa hat einen roten Pullover
ausgesucht und eine blaue Hose.
„Blöde Hose", denkt Sophie. Sie wirft die Hose auf den Boden.
Im Spiegel sieht sie ihr Gesicht. Auf der Stirn hat sie eine große
Falte. Jetzt merkt Sophie, dass sie richtig wütend ist.
„Blöde Hose!", sagt sie jetzt laut.

Papa kommt ins Badezimmer. Er hat auch eine Falte auf der Stirn und stemmt die Hände in die Hüften.

„Sophie, du hast noch nicht einmal angefangen!", schimpft er. „Zieh dich endlich an!"

Sophie stemmt auch die Hände in die Hüften.

„Nein!", schreit sie und stampft mit dem Fuß.

Papa kniet sich hin und hebt die Hose auf. Dann spricht er ganz langsam und ernst.

„Sophie. Ich möchte, dass du dich jetzt anziehst. Wir gehen gleich zum Spielplatz. Im Schlafanzug kannst du nicht mit." Er legt die Hose auf den Wannenrand.

Sophie wirft sie wieder auf den Boden.

„Ich mag nicht. Die Hose ist doof!"

Papa sieht sie verdutzt an.

„Ach so, die Hose gefällt dir nicht?", fragt er. Sophie nickt.

„Na, darüber können wir reden", sagt Papa. Er faltet die Hose zusammen und legt sie in Sophies Schrank. Dann kommt er zurück ins Bad. Von seinem Arm baumeln drei Hosen.

„Such dir eine aus", schlägt er vor. Sophie überlegt. Dann entscheidet sie sich für die grüne Hose mit den weißen Streifen. Die Farben erinnern sie an den schönen Turm aus Bauklötzen in ihrem Zimmer.

„Gut", sagt Papa, „dann zieh dich jetzt bitte an."

Sophie nickt. Nun ist ihre Stirn wieder ganz glatt. Und Papas auch.

Neue Freunde

Heute geht Frederic mit seiner Mama in die Spielgruppe.
Sie hängen ihre Jacken an die Garderobe und ziehen die
Schuhe aus. Eine Frau kommt auf sie zu.

„Hallo", sagt sie, „ich bin Heike. Schön, dass
ihr da seid."

Das Zimmer gefällt Frederic. Auf
dem Boden liegen bunte
Teppiche. Darauf sind
Straßen gemalt, daneben steht
eine Holzkiste voller Autos.

„Wenn alle Kinder da sind, fangen wir mit dem
gemeinsamen Frühstück an."

Mama stupst Frederic an.

„Was magst du spielen?" Frederic schaut sich um. Ein Junge hat
die Kiste mit den Autos ausgeleert und baut einen Stau. Zwei
Mädchen stehen vor der Spielküche. Frederic will erst einmal
zuschauen. Und auf keinen Fall will er Mama loslassen.

Nach einer Weile ruft Heike: „So, meine Lieben, kommt ihr
zum Frühstück?"

Die Kinder rennen los. Sie setzen sich an den Tisch unter dem
Fenster und holen ihr Essen aus den Taschen.

Heike kommt und legt Frederic den Arm um die Schulter.

„Na, kommst du mit zum Kindertisch?"

Frederic schluckt. Eigentlich will er lieber bei Mama bleiben.

Mama blinzelt ihm zu. Frederic nimmt all seinen Mut zusammen. Er lässt sich von Heike zum Tisch führen und setzt sich auf einen leeren Stuhl.

Seine Tasche hält er ganz fest auf dem Schoß. Er kann bestimmt nichts essen. Sein Hals fühlt sich verstopft an.

Das Mädchen neben ihm schiebt ihm ihre Brotdose hin.

„Magst du?", fragt sie. In der Box liegen kleine Würstchen. Frederic nickt und nimmt sich eine.

„Ich heiße Zoe", sagt das Mädchen. Sie deutet auf den Jungen neben sich: „Und das ist Moritz."

Jetzt ist Frederics Hals gar nicht mehr zu und er kann sein Brot essen.

Den Rest des Vormittags spielt er mit seinen neuen Freunden Moritz und Zoe. Und es macht ihm fast nichts mehr aus, wenn Mama kurz aus dem Zimmer geht.

Papa kann zaubern

Ich kann nicht schlafen!" Quirin steht in der Wohnzimmertür. Er hat seinen Schlafanzug an. In der Hand hält er seinen Lieblingsteddy.

„Komm, ich bring dich noch mal ins Bett." Papa kommt zu Quirin und nimmt ihn auf den Arm. Er trägt ihn und Teddy zurück ins Bett und deckt Quirin zu.

„Jetzt kannst du bestimmt schlafen", meint Papa.

Quirin schüttelt den Kopf.

Papa kratzt sich an der Stirn. „Ich singe dir ein Schlaflied vor." Papa beginnt, leise von Schafen und Sternen zu singen.

Quirin gähnt.

Als das Lied zu Ende ist, murmelt Papa: „Schlaf gut, mein Großer."

Aber Quirin schüttelt wieder den Kopf.

Papa seufzt. Dann nimmt er Teddy in die Hand und hält ihn an Quirins Ohr. „Ich bin schon ganz müde. Lass uns jetzt schlafen", brummt Papa mit verstellter Stimme.

Quirin muss wieder gähnen.

Papa legt Teddy neben Quirin und steht auf. Ganz leise schleicht er zur Tür.

Da setzt sich Quirin im Bett auf. „Dableiben", bettelt er.
Plötzlich hat Papa eine Idee. „Ich komme gleich wieder", sagt er
und huscht aus dem Zimmer. Kurze Zeit später ist er zurück.
In seiner Hand hält er den schimmernden Glitzerstift, der sonst
auf Mamas Schreibtisch liegt.
„Das ist jetzt ein Zauberstab", flüstert Papa geheimnisvoll.
Quirin macht große Augen.
„Damit zaubere ich, dass du einschlafen kannst." Ob Papa
wirklich zaubern kann? Papa lässt den Glitzer-Zauber-Stift-Stab
über
Quirins Gesicht kreisen.
Quirin will wieder den Kopf schütteln. Aber dazu ist er viel zu
müde.
„Hokus, Pokus, Entenbein. Lieber Quirin, schlaf jetzt ein",
wispert Papa.
Da fallen Quirin die Augen zu. Kurz darauf ist er auch schon
eingeschlafen.

Schatzsuche im Wald

Schau mal, ein Tannenzapfen", ruft Olivia. Toll, was man hier im Wald alles finden kann! Sie hebt den Tannenzapfen auf und steckt ihn in ihre Hosentasche. Olivia hat schon viel gefunden. Eine dicke rote Beere, eine Vogelfeder und einen Stein mit Muster.

„Können wir noch weiter in den Wald hinein?", fragt sie.

„Gut", antwortet Mama, „lass uns zwischen den Bäumen durch-laufen."

Als Mama und Olivia den Waldboden betreten, knacken dünne Äste unter ihren Füßen. Es riecht gut nach Bäumen, Erde und Regen.

Plötzlich sieht Olivia etwas Braunes, das über den Boden huscht. Neugierig läuft sie hinterher. Olivia hüpft über einen Mooshaufen und saust zwischen mehreren Bäumen hindurch. Jetzt klettert das kleine Etwas an einem Baumstamm nach oben. Am buschigen Schwanz kann Olivia es erkennen: ein Eichhörnchen.

Olivia dreht sich zu Mama um. Doch was ist das? Mama ist nicht mehr da. „Mama", ruft Olivia. Niemand antwortet. Sie ruft noch einmal: „Mama!"

Jetzt bekommt Olivia Angst. Sie dreht sich im Kreis. Nirgends kann sie Mama sehen. Olivia hört ein lautes Knacken. Oh nein! Vielleicht ist das ein wildes Tier. Olivia rennt los. Ihr Fuß bleibt an einem Ast hängen und sie fällt hin.

„Hilfe", schreit sie. Hinter einem Baum sieht sie einen Schatten. Etwas kommt auf sie zu. Sie presst ihre Hände vor die Augen und hält den Atem an. Was ist das?

„Olivia", hört sie, „wo bist du?"

Das war Mamas Stimme. Olivia ruft: „Hier bin ich." Sie nimmt die Hände von den Augen. Neben dem Baum erscheint Mama.

„Da bist du ja", sagt sie, „du darfst doch nicht einfach weglaufen."

Olivia steht auf und läuft Mama in die Arme.

„Ich bin dem Eichhörnchen nachgelaufen", erklärt sie.

Mama meint, das nächste Mal soll Olivia vorher Bescheid sagen. Jetzt hat Olivia keine Angst mehr. Doch für heute hat sie genug vom Waldspaziergang.

Sandra will mit

Sandra liegt in ihrem Bett und öffnet die Augen. Sie streckt sich und gähnt. Dann krabbelt sie aus dem Bett. Aus dem Wohnzimmer hört sie Geräusche. Neugierig läuft sie hinüber. Am Tisch sitzen Mama und Sandras Schwester Paula.

„Hallo Sandra", sagt Mama, „das war aber ein langer Mittagsschlaf." Auf dem Tisch liegt ein rotes Päckchen.

Paula bindet eine grüne Schleife darum.

„Ist das ein Geschenk?", fragt Sandra.

Paula nickt.

„Das ist für Markus zum Geburtstag", erklärt sie.

Sandra findet das Päckchen wunderschön.

„Was ist da drin?", fragt sie.

Mama antwortet: „Ein Polizeiauto."

Sandra freut sich. „Wann gehen wir zu Markus?", will sie wissen.

Mama hebt sie auf ihren Schoß.

„Wir gehen nicht zu Markus. Nur Paula geht zu seiner Geburtstagsfeier. Wir bringen sie gleich hin."

Das versteht Sandra nicht. Sie schaut Mama verwundert an.

„Ich will aber mit."

Mama schüttelt den Kopf.
„Nein, das geht nicht. Du bist
nicht eingeladen."
Jetzt wird Sandra wütend. Sie will
auch zu der Geburtstagsfeier. Sie
rutscht von Mamas Schoß und
schreit: „Das ist gemein. Ich will mit!"
Paula stellt sich vor Sandra hin und sagt:
„Du kannst nicht mit. Das ist eine Feier
für große Kinder.
Du bist noch viel zu klein."
Das stimmt nicht! Sandra ist nicht klein, sie ist schon fast drei.
„Du bist blöd!", schreit sie und schubst Paula.
Die schubst zurück und Sandra fällt hin. Jetzt fängt sie an zu
weinen.
„Hört auf zu streiten", schimpft Mama. Dann hebt sie Sandra
auf und tröstet sie.
„Liebling, sei nicht traurig. Wir bringen Paula jetzt zu Markus.
Und dann gehen wir beide ein Eis essen."
Sandra schluchzt immer noch.
„Ich hab eine Idee", sagt Paula, „ich bring dir von der Feier etwas
Tolles mit."
Sandra hört auf zu weinen. Ein bisschen enttäuscht ist sie
noch. Aber Eis essen ist auch schön. Und dass Paula ihr etwas
mitbringen wird, darauf freut sich Sandra besonders.

Ein Fahrrad
für den Elefanten

Puh, ist das anstrengend!"

Der Elefant Otto schnaubt. Mit seinem Rüssel fächert er sich Luft zu. Heute ist es heiß hier im Zoo. Otto ist schon viel gelaufen. Morgens hat er sieben Runden durch das Gehege gedreht. Dann musste er zur Fütterung in den Stall kommen. Nach dem Mittagsschlaf ist er am Zaun entlanggelaufen, um die Besucher zu begrüßen. Und jetzt muss er wieder rein zur Fütterung.

„Ich kann nicht mehr", jammert Otto.

„Immer hin- und herlaufen, das ist mir zu anstrengend."

Da kommt Zoowärter Rainer ins Elefantengehege.

„Na, alter Junge", sagt er und streichelt Otto an der Seite. Er sammelt das schmutzige Stroh mit der Strohgabel auf und spritzt den Boden mit dem Wasserschlauch ab.

„Jetzt hole ich neues Stroh", sagt er. Er geht aus dem Elefantengehege.

Da sieht Otto Rainers blaues Fahrrad. Es lehnt an der Wand. Neugierig geht Otto darauf zu.

„Oh, wie schön", sagt er bewundernd. Otto denkt nach. Wenn er ein Rad hätte, müsste er nicht so viel laufen. Otto hebt das Rad mit seinem Rüssel hoch und stellt es vor sich auf den Boden. Er schiebt es zwischen seinen Beinen hindurch ein

Stück nach hinten. Noch ein Schubs, dann steht das Rad richtig,
genau unter Otto.

Jetzt muss er seine Füße auf die Pedalen bekommen. Das ist
schwierig. Beim ersten Mal fällt das Rad um. Nach ein paar
Versuchen schafft es Otto. Er sitzt auf dem Sattel und tritt in
die Pedale. Das macht Spaß! Ein bisschen wackelig dreht er zwei
Runden um das Elefantengehege.

„Puh, ist das anstrengend", denkt Otto. Er steigt ab und lehnt
das Fahrrad wieder an die Wand.

Jetzt kommt Rainer zurück. Er bestreut den Boden mit frischem
Stroh. Otto legt sich sofort hin. Das Radfahren hat ihn furchtbar
müde gemacht.

„Vielleicht probier ich es morgen noch einmal", denkt Otto und
schläft zufrieden ein.

Die Prinzessin ohne Krone

Auf Schloss Rosenreich herrscht heute schlechte Stimmung. Prinzessin Milena ist sauer. Gestern war ihr Onkel Heinrich zu Besuch. Er hat ihrem Bruder, Prinz Milan, eine Krone mitgebracht. Sie ist golden und mit glitzernden Edelsteinen verziert. Milena hat rosa Prinzessinnenschuhe bekommen. Die sind auch schön. Aber Milans Krone ist viel toller.

Milena ist neidisch. Warum hat Onkel Heinrich ihr keine Krone geschenkt?

Es klingelt am Schlosstor. Ihre Mutter, Königin Rose, öffnet das Tor. Kurz darauf kommen Damian und Romy herein.

„Hallo", begrüßen sie die Geschwister.

„Wollen wir verstecken spielen?", fragt Romy.

„Au ja", strahlt Milan. Die drei laufen in den Schlossgarten.

Milena bleibt sitzen. Königin Rose sieht sie verwundert an.

„Was ist denn los?", fragt sie.

Milena murrt: „Ich will auch eine Krone."

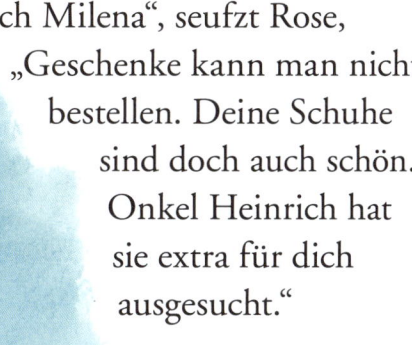

„Ach Milena", seufzt Rose, „Geschenke kann man nicht bestellen. Deine Schuhe sind doch auch schön. Onkel Heinrich hat sie extra für dich ausgesucht."

Milena zuckt mit den Schultern. Ihre
Mama streicht ihr über die Haare.
„Jetzt sei nicht beleidigt. Geh raus und spiel
mit."
Also gut. Milena steht auf und trottet in den Garten.
„Da bist du ja", freut sich Damian, „magst du suchen?"
„Gut", antwortet Milena. Sie lehnt ihre Stirn an die
Schlossmauer und zählt langsam bis zehn. Dann ruft sie: „Ich
komme."
Suchend blickt Milena um sich. Hinter dem Rosenbusch sieht sie
ein Funkeln. Sie schleicht sich an. Jetzt sieht sie es ganz deutlich:
Das ist Milans Krone! Schnell streckt sie ihren Kopf über den
Busch.
„Ich hab dich", ruft sie und lacht.
„Mist, du hast mich nur wegen meiner Krone so schnell
gefunden", ärgert sich Milan.
Dann findet Milena Damian hinter der Mauer und Romy unter
der Sitzbank.
Als Nächstes muss Milan suchen.
„Eins, zwei, drei …", zählt er.
Als Milena sich wegschleicht, merkt sie, dass ihre
Prinzessinnenschuhe gar kein Geräusch auf dem Boden machen.
Lautlos versteckt sie sich hinter dem Rosenbusch.
„… acht, neun, zehn, ich komme!", ruft Milan.
Milena kichert. Bestimmt findet Milan sie nicht so schnell.
Manchmal sind Prinzessinnenschuhe eben doch besser als eine
Krone.

Niko kann das schon allein

Es ist Schlafenszeit. Niko hat schon Zähne geputzt und Hose und Pulli ausgezogen. Fehlt nur noch der Schlafanzug. Mama greift nach dem Oberteil und will es Niko über den Kopf ziehen. Da klingelt das Telefon.

„Warte mal", sagt Mama, drückt Niko das Oberteil in die Hand und geht aus dem Kinderzimmer in den Flur.

Niko will nicht warten. Er kann das auch allein. Außerdem hat Niko eine Idee. Er geht zum Schrank und öffnet die Tür. Heute wird er in seinem Rennautopulli schlafen. Denn er will unbedingt von einem Autorennen träumen. Das klappt in dem Pulli bestimmt!

Niko wühlt im Kleiderstapel. Der Pulli liegt ganz unten. Er zieht und zerrt.

Endlich hält er ihn in der Hand. Eine grüne Sporthose fällt dabei auf den Boden. Das findet Niko wunderbar. Denn von einem Wettlauf würde er auch gerne träumen. Darum schnappt er sich auch die Hose.

Er schlüpft zuerst in den Pulli. Das ist gar nicht so einfach. Die Ärmel verheddern sich immer wieder. Aber dann hat Niko es geschafft. Jetzt nimmt er seine Sporthose. Jeder Fuß muss in ein Hosenbein. Das ist babyeinfach.

Plötzlich steht Mama in der Tür.

„Was machst du denn da?", fragt sie erstaunt.

„Ich ziehe mich an." Niko grinst.

„Aber du brauchst doch deinen Schlafanzug", meint Mama.
Niko schüttelt den Kopf.

„Heute schlafe ich so", bestimmt er. Mama lacht.

„Na gut, ausnahmsweise. Weil du dich so toll allein angezogen
hast. Jetzt aber ab ins Bett", sagt Mama. Gemeinsam legen
sie den Schlafanzug zurück in den Schrank. Niko gähnt. Er
freut sich schon auf seine tollen Träume in seinem besonderen
Schlafanzug.

Was raschelt da?

Du musst suchen", ruft Oskar. Er spielt mit seiner Freundin Isabel im Garten hinter dem Haus. Oskar sieht sich um. Wo könnte er sich verstecken? Hinter dem hohen Apfelbaum liegt ein Haufen mit buntem Herbstlaub. Dorthin läuft Oskar. Er geht in die Hocke, damit Isabel ihn nicht findet.

Plötzlich hört Oskar ein leises Rascheln. Ob Isabel sich gerade anschleicht? Oskar streckt sich. Er späht hinter dem Laubhaufen hervor. Aber Isabel ist immer noch mitten auf der Wiese. Sie dreht sich rundherum und hält Ausschau nach Oskar.

Da! Schon wieder raschelt es. Oskar hat es genau gehört.

Erschrocken springt er auf.

„Gefunden!", ruft Isabel. Sie deutet auf Oskar und lacht.

Das ist Oskar egal.

Er rennt schnell zu Isabel.

„Da raschelt etwas!", ruft er aufgeregt und zeigt zum Laubhaufen.

„Komm, wir schauen nach", meint Isabel neugierig.

Mutig schleicht sie sich an.
Oskar trippelt vorsichtig
hinter ihr her. Seine Knie
zittern ein bisschen.
Isabel bleibt direkt
vor dem Laubhaufen
stehen. Oskar stellt sich
neben sie und nimmt
ihre Hand. Jetzt können beide
das Rascheln hören.

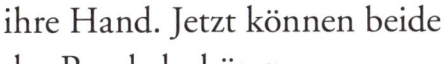

„Guck mal!", ruft Isabel und bückt sich. Beinahe vom Laub
verdeckt liegt dort eine braune, stachelige Kugel.

„Ein Igel." Oskar atmet erleichtert auf.

„Mama, komm!", schreit er, so laut er kann.

Sofort kommt Mama angelaufen. Als sie sieht, was die Kinder
entdeckt haben, staunt sie.

„Wir müssen ihn in Ruhe lassen und ganz leise sein. Der Igel
sucht sich einen Platz, an dem er während des Winters schlafen
kann", erklärt Mama.

Leise schleichen Oskar, Isabel und Mama vom Laubhaufen weg.

„Pst", sagt Isabel und legt einen Finger an den Mund.

„Schlaf gut, kleiner Igel", flüstert Oskar und winkt dem
Stacheltier zum Abschied zu.

Draußen vor dem Fenster

Charlotte sitzt auf dem Fensterbrett in der Küche. Sie schaut aus dem Fenster. Draußen ist es beinahe dunkel. Charlotte wartet auf Papa. Der soll sie heute ins Bett bringen.

„Wann kommt Papa?", fragt sie ungeduldig.

„Bestimmt bald", meint Mama. Sie stellt sich hinter Charlotte. Gemeinsam halten sie Ausschau. Plötzlich sieht Charlotte einen riesigen, grünen Schmetterling vorbeifliegen.

„Schau!", ruft sie und blinzelt. Doch da bemerkt sie, dass es nur ein großes Blatt vom Kastanienbaum ist. Es fällt sich hin- und herwiegend zu Boden.

Auf einmal entdeckt Charlotte einen Lichtstrahl, der sich auf sie zubewegt. Er funkelt und leuchtet.

„Eine Fee", flüstert Charlotte. Der helle Schein kommt näher. Er bewegt sich dabei auf und ab. Jetzt erkennt Charlotte, was es ist.

„Schade, nur ein Auto", meint sie enttäuscht.

Es flitzt an ihrem Fenster vorbei. Charlotte erkennt etwas Gelbes auf dem Autodach. Es sieht aus wie eine goldene Krone.

„Da ist eine Prinzessin drin", ist sich Charlotte sicher. Mama lacht.

„Das war ein Taxi", sagt sie.

„Dann war es ein Prinzessinnentaxi", flüstert Charlotte und gähnt. Sie kann ihre Augen kaum noch offen halten.

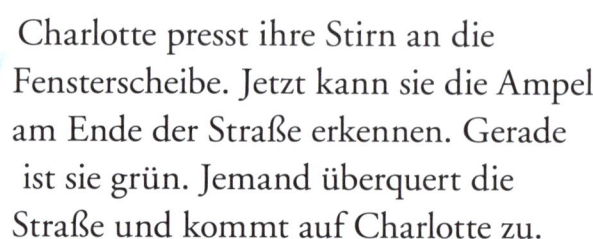

Charlotte presst ihre Stirn an die Fensterscheibe. Jetzt kann sie die Ampel am Ende der Straße erkennen. Gerade ist sie grün. Jemand überquert die Straße und kommt auf Charlotte zu.

Die Gestalt ist ziemlich groß. Hinter ihr ist ein langer schwarzer Schatten zu sehen. Ob das ein Riese ist? Charlotte greift nach Mamas Hand.

Direkt vor dem Fenster bleibt das Wesen stehen und drückt seine Nase an das Glas. Na so was!

„Papa!", jubelt Charlotte. Endlich ist er da. Sie läuft zur Tür, um sie für Papa zu öffnen.

„Hallo, meine Kleine", begrüßt er Charlotte und hebt sie hoch.

„Du musst mir unbedingt noch eine Geschichte vorlesen", findet Charlotte.

Papa lacht. Dann trägt er Charlotte ins Kinderzimmer und holt das Geschichtenbuch.

Picknick mit Ameisen

Christian hilft Mama in der Küche. Sie packen den Picknickkorb. Heute machen sie einen Ausflug in den Park. Mama hat belegte Brote gemacht. Jetzt reicht sie Christian kleine Tomaten. Christian legt sie in eine Plastikschüssel. Papa kommt in die Küche.

„Klasse, ihr seid schon fertig", freut er sich. Er nimmt den Korb und trägt ihn nach draußen. Vor dem Haus stehen ihre Fahrräder. Mama hebt Christian in den Kindersitz auf ihrem Rad. Papa setzt ihm seinen Fahrradhelm auf.

Christian mag es, auf dem Fahrrad zu sitzen. Er schaut sich die Häuser und Bäume an, an denen sie vorbeifahren.

Nach einer Weile halten sie an. Sie lassen die Räder stehen und gehen in den Park. Mama und Papa wollen auf die große Wiese. Sie breiten ihre Decke aus und stellen den Korb darauf.

„Erst mal essen wir was", schlägt Papa vor.

Jeder bekommt einen Teller, einen Becher und eine bunte Serviette. In die Mitte kommen die Schüsseln mit dem Essen. Christian schnappt sich zwei Käsewürfel, dazu eine kleine Tomate und natürlich ein Wurstbrot. Papa schenkt ihm Wasser ein.

Plötzlich springt Christian auf und schreit: „Aua!" Erschrocken starrt er auf sein Bein. Er fängt an zu weinen. An seinem Bein hat er einen roten Punkt gesehen. Es brennt wie Feuer. Mama zieht ihn auf ihren Schoß. Christian schreit immer noch und strampelt mit den Beinen. Jetzt wird es ein bisschen besser. Nach einer Weile ist der Schmerz ganz weg. Was wohl passiert ist?

„Schau mal", Mama deutet mit ihrem Finger auf den Rand ihrer Decke. Da krabbelt etwas! Christian steht auf und sieht es sich genauer an. Das sind Ameisen! Ganz viele Ameisen hintereinander.

„Das ist eine Ameisenstraße", erklärt Papa. „Dahinten ist ein Loch, da wollen die Tiere hin. Sie krabbeln alle auf dem gleichen Weg."

Jetzt erkennt Christian die Ameisenstraße. Sie beginnt neben ihrer Decke und führt geradewegs zum Loch auf der Wiese. Die Ameisen haben kleine Krümel von Christians Brot dabei.

„Die wollen zu Hause ein Picknick machen", lacht Christian. Jetzt weiß er auch, warum sein Bein so weh getan hat. Eine Ameise hat ihn gebissen.

„Wahrscheinlich bist du ihr zu nahe gekommen und sie hatte Angst", sagt Mama.

Christian nimmt sich ein Stück Schokolade und schiebt es in den Mund. Einen Krümel lässt er auf die Decke fallen. Vielleicht wollen die Ameisen auch einen Nachtisch?

Der Zauberteppich

In Sophias Zimmer ist es schön. Sie hat lila Vorhänge vor dem Fenster und einen roten Teppich. Auf die Wand hinter dem Bett hat Mama viele kleine Glitzersteine geklebt.

Heute hat Sophia keine Lust auf Mittagsschlaf. Aber Mama meint, bis sie drei ist, soll sie sich jeden Mittag hinlegen.

„Du kannst dich ausruhen, du musst nicht schlafen", hat sie gesagt.

Sophia liegt im Bett und betrachtet die Glitzersteine. Plötzlich fängt einer davon an zu blinken. Sophia kneift ihre Augen zusammen. Tatsächlich: Jetzt blinken sogar mehrere. Das sieht toll aus!

Nun hört Sophia ein Geräusch neben dem Bett. Sie dreht sich zur Seite.

Ihr roter Teppich schwebt in der Luft, direkt neben ihrem Bett. Vorsichtig fasst Sophia mit der Hand auf den Teppich. Er gibt nur ein kleines bisschen nach. Dann ist sie mutig und steigt auf den fliegenden Teppich.

Aber was ist das? Jetzt lösen sich die lila Vorhänge von der Decke und schweben auf sie zu.

Sophia versteht. Sie soll die Vorhänge um sich wickeln. Dann sieht sie aus wie eine Zauberprinzessin in einem lila Kleid.

Noch ein Blick auf die funkelnden
Glitzersteine, danach beginnt der Flug.
Der Teppich dreht eine Runde durch Sophias
Zimmer. Dann schweben sie hinaus in den
Himmel. Unter sich kann Sophia ihre Straße sehen.
Alles sieht ganz klein aus.
Sie fliegen eine große Runde durch die Luft. Das macht Spaß.
Sophia lacht, weil der Fahrtwind sie an der Nase kitzelt.
Kurz darauf lässt der Teppich sie sanft wieder in ihr Bett
plumpsen. Das war schön!
Schon kommt Mama ins Zimmer.
„Sophia, hast du einen lustigen Traum gehabt?", fragt sie, „du
hast im Schlaf gelacht."
Sophia grinst. Vielleicht erzählt sie Mama später von ihrer
Reise mit dem Zauberteppich. Aber erst einmal bleibt das ihr
Geheimnis.

Ella geht zum Kinderturnen

Hurra, ich geh zum Kinderturnen." Ella hüpft an Mamas Hand und singt. Sie freut sich. Kinderturnen macht immer Spaß. Vor dem Eingang zur Turnhalle steht Leni und winkt. Gemeinsam gehen sie in die Garderobe und setzen sich. Ella zieht ihre neuen Turnschuhe an. Sie sind rosa mit weißen Blumen.
In der Turnhalle ist es schon ziemlich voll. Die Eltern bauen die Turnstationen auf. In der Mitte breiten sie ein großes rundes Tuch aus. Ellas Mama holt ganz viele Gummibälle und legt sie in eine Ecke. In eine andere Ecke kommt ein Trampolin. Dahinter soll eine weiche Matte gelegt werden.
Ella und Leni wollen sie holen. Sie stellen sich hinter die Matte und drücken ganz fest. Erst bewegt die dicke Matte sich gar nicht. Dann rutscht sie mit einem Ruck ein Stück nach vorn.

Beinahe wäre Ella umgefallen.
Das ist lustig. Jetzt schubsen
sie noch fester. Die Matte
schlittert über den Boden.
Noch einmal, dann sind sie beim
Trampolin.

Leni lässt sich auf die Matte plumpsen.

„Pfrrrrt." Leni und Ella sehen sich erstaunt an. Das Geräusch
war witzig. Jetzt lassen beide sich fallen. Wieder ertönt ein lautes:
„Pfrrrrt."

Leni fängt als Erste an zu lachen. Ella versteht, warum sie lacht,
und muss kichern.

„Was lacht ihr zwei denn so?", fragt Ellas Mama.

Gleichzeitig prusten beide los: „Wir pupsen."

Sie nehmen Anlauf und hüpfen auf die Pupsmatte.

Die Eltern grinsen. Dann gehen alle in die Hallenmitte und das
Kinderturnen geht los.

Der Bücherzauber

Julian geht gerne einkaufen. Manchmal nimmt Papa ihn mit in den Baumarkt. Gemeinsam suchen sie Schrauben aus. Mit Oma geht er oft in den Gemüseladen. Heute ist Julian mit Mama im Supermarkt. Im Einkaufswagen liegen Nudeln, Marmelade und Mehl.

„Jetzt gehen wir zur Kasse", sagt Mama. Julian läuft vor. Er kennt sich aus im Supermarkt. Neben der Kasse entdeckt Julian einen Ständer. Darin stehen viele kleine Bücher. Sie sind bunt und gefallen Julian sehr.

„Kaufst du mir ein Buch?", fragt Julian. „Bitte, bitte."

„Also gut", sagt Mama, „such dir eins aus."

Julian schaut sich die Bücher genau an. Auf einem erkennt er Fußballspieler, auf einem anderen eine Maus. Er nimmt ein Buch nach dem anderen aus dem Ständer, betrachtet es und stellt es wieder zurück. Es gibt Bücher mit Baustellenfahrzeugen und Bücher mit Feen. Besonders gut gefallen ihm die Ritter und das gruselige Gespenst.

„Du musst dich entscheiden", sagt Mama.
Aber Julian kann sich nicht
entscheiden, die Bücher sind alle toll.
Plötzlich hört er eine Stimme. Ganz
leise fiept sie: „Nimm mich."
Julian sieht erschrocken in den
Bücherständer. Etwas bewegt sich. Julian
blinzelt. Tatsächlich: die Maus auf dem
Buch wackelt mit der Nase. Nur ein
kleines bisschen, aber Julian hat es doch
gesehen. Er schaut zu Mama, aber die hat nichts
bemerkt. Jetzt weiß er, was er tun muss. Er greift
nach dem Buch mit der Maus.
„Das nehme ich", sagt er entschlossen und legt es
zu den anderen Sachen auf das Kassenband.
Eigentlich gibt es ja keine sprechenden Mäuse. Vielleicht hat
Julian sich das nur eingebildet. Aber auf jeden Fall hat die Maus
ihm beim Aussuchen geholfen. Zu Hause muss Mama die
Geschichte sofort vorlesen.

Auf dem Rummel

Hurra! Heute geht Mona mit Opa und ihrem großen Bruder Max zum Rummelplatz. Dort ist viel los. Es gibt jede Menge Buden, eine Achterbahn, zwei Karussells und noch mindestens tausend andere Sachen. Mona klappt vor Staunen ihren Mund auf.

„Was möchtet ihr gerne machen?", fragt Opa.

„Losen", ruft Mona.

Gleichzeitig antwortet Max: „Achterbahn fahren."

Opa lacht.

„Das könnt ihr alles machen. Aber eins nach dem anderen." Erst darf Mona zwei Lose ziehen. Sie gewinnt ein Armband mit Zuckerperlen und einen Stift. Dann fährt Max mit der Achterbahn. Das würde sich Mona nie trauen! Aber Max gefällt es. Beim Aussteigen ruft er: „Das war super. Kann ich noch mal, Opa?"

„Wie wäre es, wenn ihr jetzt gemeinsam mit etwas fahren würdet?", schlägt Opa vor.

„Kinderkarussell!", jubelt Mona begeistert.

Max zeigt ihr einen Vogel.

„Das ist doch Babykram. Damit fahr ich bestimmt nicht." Enttäuscht lässt Mona ihre Schultern hängen.

„Los, wir fahren Geisterbahn", meint Max und zeigt auf ein gruseliges Haus vor ihnen.

Nie im Leben! Mona schüttelt heftig den Kopf.

„Und wie wär's mit Kettenkarussell?", fragt Max.

„Gute Idee", findet auch Opa und geht mit Mona und Max zu
dem großen Karussell.

An einem hohen runden Riesenschirm baumeln Sitze an Ketten
herab. Als sich der Schirm zu drehen beginnt, schwingen die
Sitze weit nach außen. Monas Herz klopft ganz laut.

„Ich will lieber nochmal losen", murmelt sie und hält die Luft an.

„Du traust dich nicht", lacht Max.

Da nimmt Opa Monas Hand. „Das sieht ganz schön hoch aus", findet auch er.

Mona merkt, wie sie langsam wieder Luft bekommt.

„Max soll einfach alleine fahren und wir sehen zu", meint Opa und drückt Monas Hand.

Eigentlich will sie nicht schon wieder nur zuschauen.

Plötzlich hat Opa eine Idee.

„Wie wäre es, wenn ich auch mitfahre und du dich auf meinen Schoß setzt?", schlägt er vor.

Mona überlegt. Wenn sie bei Opa sitzt, kann ihr bestimmt nichts passieren. „Na gut. Aber nur einmal", flüstert sie.

Opa lächelt. Dann kauft er drei Karten. Max rennt gleich los und setzt sich auf den blauen Sitz. Opa setzt sich auf einen gelben Sitz und Mona klettert auf seinen Schoß.

„Die Fahrt beginnt", ertönt eine Stimme aus einem Lautsprecher. Ob sie doch lieber aussteigen soll? Zu spät! Das Karussell beginnt bereits sich zu drehen. Monas Herz klopft laut. Sie nimmt Opas Hand und hält sie ganz fest. Der Fahrtwind bläst Mona ins Gesicht. In ihrem Bauch kitzelt es. Das fühlt sich eigentlich ganz schön an. Mona kuschelt sich an Opa. Dann genießt sie das lustige Kribbeln im Bauch. Vielleicht möchte sie nachher gleich noch einmal fahren.

Unwetter in der Badewanne

Tommi sitzt in der Badewanne. Er hat sein
Spielzeugschiff, den grünen Waschlappen und
die gelbe Quietscheente Kicki dabei. Tommi
findet baden toll. Mama gibt etwas von dem
Badeschaum, der nach Erdbeeren riecht, in die Wanne und setzt
sich auf den Badewannenrand.

Tommi schnuppert. Das riecht gut! Oben auf der
Wasseroberfläche bilden sich langsam kleine Berge aus Schaum.
Tommi nimmt eine Handvoll davon und tupft sich die Bläschen
auf das Kinn. Jetzt hat er einen Bart.

„Schau, Kicki, ich sehe aus wie ein richtiger Schiffskapitän",
lacht er und setzt die Quietscheente in das Spielzeugschiff. Das
Schiff beginnt, leicht zu schwanken. Aber als Kapitän weiß
Tommi natürlich sofort, was zu tun ist. Er übernimmt das Steuer
und bringt es schnell wieder auf Kurs.

„Achtung!", ruft Tommi. „Halt dich gut fest!"
Überall ragen hohe Schaumfelsen aus dem Wasser. Dort
hindurch steuert Käpten Tommi das Schiff. Dann hält er sich
eine Hand an die Stirn, um besser in die Ferne sehen zu können.
„Eine grüne Insel", ruft Tommi und zeigt auf den Waschlappen,
der auf der Wasseroberfläche schwimmt. Plötzlich hört er ein
Rauschen und Tosen. Mit einem Mal bricht ein Unwetter los.
Ein schrecklicher Sturm fängt an, am Bug des Schiffes zu zerren.
„Halt dich gut fest, Kicki!", ruft Käpten Tommi. Das Schiff

schlingert. Wasser schwappt über den Rand und macht die Quietscheente nass. Oh nein! Das Schiff darf auf keinen Fall untergehen. Käpten Tommi hält mit aller Kraft den Kurs. Dennoch stößt das Schiff an einen der Schaumfelsen. Wieder schwappt Wasser in das Schiff.

„Keine Angst, Kicki", ruft Käpten Tommi. „Wir werden es schaffen!"

Langsam lässt der Sturm nach und die Wellen legen sich. Das Wasser wird ruhiger. Jetzt hat Tommi das Schiff wieder unter Kontrolle. Er hält Ausschau nach der Insel, die er vorhin entdeckt hatte. Dort will er anlegen. Er steuert das Gefährt noch einmal im Kreis herum, dann haben sie die Insel erreicht. Kapitän Tommi wirft den Anker aus. Das Schiff kommt ruhig vor der Insel zu liegen.

„Bitte aussteigen", fordert Käpten Tommi Kicki auf. Er hebt die Quietscheente auf die Insel.

„Jetzt aber raus aus der Wanne mit dir, du Kapitän. Schau, deine Haut sieht schon ganz schrumpelig aus", sagt Mama. Sie greift nach dem großen Badetuch, das an der Heizung hängt. Schade! Tommi kommt aus der Badewanne und lässt sich von Mama in das weiche, warme Handtuch hüllen. „Kicki muss auch aus der Wanne. Sie kann ja nicht allein ohne ihren Kapitän auf dem Schiff bleiben." Schnell windet sich Tommi aus dem Handtuch und angelt die Quietscheente aus der Badewanne. Dann lassen sich Tommi und Kicki von Mama trockenrubbeln.

Ich will auch ein Haustier

Jan sitzt mit Mama und Papa am Esstisch.

„Papa", sagt Jan, „krieg ich einen Hund?"

„Nein", antwortet Papa, „wir wollen keine Haustiere."

„Warum nicht?", fragt Jan.

Papa seufzt.

„Das haben wir schon besprochen. Mama und ich mögen Tiere, aber nicht hier im Haus."

Jan ist nicht einverstanden.

„Aber warum nicht?"

Jetzt seufzt Mama auch.

„Um Tiere muss man sich kümmern. Das ist viel Arbeit", erklärt sie.

„Ich kann die Arbeit machen", sagt Jan. „Ich gehe mit dem Hund spazieren. Und ich gebe ihm Futter."

„Nein", sagt Mama, „das geht nicht. Du darfst nicht alleine spazieren gehen. Außerdem bist du im Kindergarten und Papa und ich sind in der Arbeit."

„Mann", meckert Jan, „dann eine Katze. Die kann alleine spazieren gehen."

Papa schüttelt den Kopf.

„Nein, das ist zu gefährlich. In der Nähe ist die große Straße, da kann sie von einem Auto überfahren werden."

Jan denkt nach.

„Dann einen Hamster. Der geht nicht spazieren. Und er bleibt im Käfig."

Jan findet den Vorschlag wirklich gut. „Also bekomme ich einen Hamster?"

Aber Mama und Papa sind immer noch nicht einverstanden.

„Nein, Jan, das geht einfach nicht. Wir wollen kein Haustier."

„Das ist gemein", murrt Jan. Er steht auf und geht aus dem Zimmer.

„Ich geh zu Christoph", ruft er. Christoph ist sein Freund. Er wohnt in der Wohnung nebenan. Deshalb darf Jan allein zu ihm gehen.

Im Hausgang hört er ein komisches Geräusch. Jetzt geht die Tür von der Wohnung gegenüber auf und Jan kann es deutlich hören: Etwas winselt. Die Nachbarin Frau Weber kommt aus der Wohnung.

„Hallo Jan", sagt sie. „Schau mal."

Sie bückt sich und zeigt Jan, was sie auf dem Arm trägt. Es ist ein Hundebaby. Es ist nur so groß wie eine Puppe und hat glänzendes braunes Fell. Der kleine Hund sieht Jan direkt in die Augen. Das sieht so süß aus! Und die kleine Schnauze wackelt ein bisschen.

„Oh, ist der niedlich!", ruft Jan begeistert. Frau Weber lächelt.

„Er heißt Henry. Er ist noch ganz jung", erklärt sie. Ganz vorsichtig streckt Jan seine Hand aus und streichelt Henry über den Rücken. Das ist warm und angenehm.

„Das machst du gut", sagt Frau Weber. „Magst du Hunde?"

Jan nickt.

Frau Weber sieht ihn an.

„Ich habe eine Idee", sagt sie.

„So ein kleiner Hund ist nicht gern allein. Er mag herumtoben und spielen. Da bin ich froh, wenn mir jemand hilft. Magst du mir mit Henry helfen?"

Natürlich will Jan das! Unbedingt!

Er sagt Frau Weber, dass er jeden Tag gleich nach dem Kindergarten kommen kann. Dann kann er mit Henry spielen und ihn streicheln und füttern.

„Ja, das wäre gut", sagt Frau Weber. „Henry freut sich sicher, wenn du kommst. Und wenn deine Eltern es erlauben, können wir gemeinsam mit Henry spazieren gehen."

Was für eine tolle Idee! Jan ist ganz aufgeregt. Das muss er Mama und Papa erzählen. Die werden staunen! Auch wenn sie keine Haustiere wollen. Aber so einen süßen Nachbarshund finden sie bestimmt auch toll.

Das Wetthoppeln

Alle Hasen vom Buchenwäldchen haben sich am Waldrand versammelt. Denn heute ist das große Wetthoppeln. Der Sieger bekommt eine riesige Karotte.

„Ich werde natürlich gewinnen", grinst Theo, der Hase mit den langen Ohren.

Willi, der kleine braune Hase, seufzt. Theo hat die vergangenen beiden Jahre schon gewonnen. Er ist einfach der allerschnellste Hase weit und breit. Aber Willi würde auch so gerne einmal gewinnen. Deswegen trainiert er schon seit zwei Wochen mit Erni, dem weißen Hasenmädchen.

„Gleich geht es los", flüstert Erni Willi ins Ohr. „Ich drücke uns die Pfoten."

Dann stellen sich die beiden neben den anderen Hasen in einer Reihe auf.

„Auf die Plätze, fertig, los!", gibt der Schiedsrichter das Kommando.

Die Hasen hoppeln los. Theo liegt natürlich sofort an der Spitze. Erni ist ihm dicht auf den Fersen. Nur Willi kommt nicht recht vom Fleck. Seine Vorderpfoten haben sich zwischen zwei Ästen verfangen. In letzter Sekunde findet er sein Gleichgewicht wieder und hüpft den anderen hinterher.

„Ich werde bestimmt verlieren", murmelt Willi atemlos, während er versucht aufzuholen. Theo, Erni und die anderen sind schon mindestens zehn Hasenlängen vor ihm. Plötzlich sieht Willi, wie einer der Hasen vor ihm stolpert und hinfällt. Vielleicht hat er sich verletzt? Willi bremst und bleibt stehen. Da sieht er, dass es Theo ist.

„Tut dir etwas weh?", fragt Willi besorgt.

„Aua, meine Vorderpfote", jammert Theo.

„Komm, ich helfe dir." Mit Willis Hilfe richtet sich Theo langsam auf.

„Kannst du weiterhüpfen?" Willi stellt sich neben Theo und legt seinen Kopf schief. Theo versucht, einen kleinen Hüpfer vorwärts zu machen.

„Wenn ich ganz langsam hopple, wird es schon gehen", meint er und lässt seine langen Ohren hängen.

„Ich hüpfe neben dir her", schlägt Willi vor. Theo nickt dankbar. Zusammen hoppeln sie langsam bis zum Ziel an der alten Buche. Dort warten alle anderen Hasen schon.

Erni kommt ihnen entgegen.

„Was ist denn passiert?", will sie wissen.
Willi und Theo erzählen gemeinsam
von Theos Sturz und wie Willi ihm
geholfen hat.

„Und darum habe ich dieses Jahr
leider wieder nicht gewonnen",
murmelt Willi zum Schluss ein bisschen enttäuscht. „Wer ist
eigentlich diesmal der Gewinner?"

Da strahlt Erni ihn an. „Ich!", ruft sie begeistert. „Und ich finde,
du warst zwar nicht der schnellste Hase. Dafür bist du aber der
Netteste. Und darum habe ich eine Überraschung für dich."

Erni stupst Willi an und deutet mit ihren Ohren auf ihren Hals.
Dort hängt die wunderbar knackige Gewinnerkarotte.

„Ich gebe dir die Hälfte davon ab. Denn ich finde, wir haben
uns den Preis beide verdient."

Da fängt Willi an, vor Freude mit seinen Ohren zu wackeln.
Und nächstes Jahr will er auf alle Fälle noch einmal mitmachen.
Vielleicht ist er dann der Schnellste.

Finn lernt Fahrrad fahren

In zwei Monaten hat Finn Geburtstag. Er wird vier.
„Mama, weißt du, was ich mir zum Geburtstag
wünsche?", fragt er.
„Ach Finn", lacht Mama, „das ist aber noch
lange hin."
„Trotzdem", sagt Finn, „ich wünsche mir ein Fahrrad."
Mama schaut erstaunt.
„Aber du kannst doch noch gar nicht Fahrrad fahren."
Das stimmt. Finn kann Dreirad fahren und Laufrad. Und
natürlich Fahrrad mit Stützrädern. Aber das meint er nicht.
Er will ein richtiges Fahrrad, so wie sein großer Bruder Felix.
„Dann lerne ich es eben", beharrt er.
Mama überlegt.
„Also gut", schlägt sie vor, „im Keller steht Felix' altes Rad.
Damit kannst du es ausprobieren."
Das findet Finn eine gute Idee. Mama pumpt die Reifen auf und
setzt Finn den Fahrradhelm auf.
Gemeinsam schieben sie das Rad zum Park. Mama stellt es auf
den Weg und hält es am Sitz fest.
„So, Finn, steig auf", sagt sie. Das Rad wackelt ein bisschen, als
Finn sich auf den Sattel setzt und die Füße auf die Pedale stellt.
„Jetzt treten", sagt Mama. Finn tritt mit einem Fuß langsam
nach unten. Das geht viel leichter als bei seinem Dreirad.
Jetzt tritt er mit dem anderen Fuß. Das Fahrrad setzt sich in

Bewegung und rollt ein Stück den Weg entlang. Finn spürt, dass Mama das Rad hinten festhält.

Trotzdem dreht er sich um und fragt: „Bist du noch da?"
Dabei verdreht er den Lenker und das Rad fährt eine enge Kurve.

„Vorsicht, Finn", ruft Mama. „Du musst geradeaus lenken." Zum Glück hat sie das Rad immer noch fest im Griff, sodass Finn nicht umkippt.

Jetzt wird Finn mutiger. Mit Kraft tritt er in die Pedale. Immer abwechselnd mit einem Fuß nach unten. Er wird schneller und schneller. Hinter sich hört er Mamas schnelle Schritte und ihr angestrengtes Keuchen. Ein bisschen rast er noch dahin, dann ruft Mama: „Stop!"

Finn weiß, wie man bremst: einfach die Pedale nach hinten treten. Das Rad kommt zum Stehen und Finn steigt mit Mamas Hilfe ab. Dann lässt Mama das Rad los und richtet sich schnaufend auf.

„Puh, war das anstrengend. Jetzt brauche ich eine kleine Pause."

Danach fahren sie noch viermal gemeinsam den Rundweg ab. Dann kann Mama endgültig nicht mehr.

„Genug für heute", sagt sie.

„Nein!", protestiert Finn.
„Bitte, bitte, noch ein Mal."
Ein bisschen bettelt Finn

noch, dann ist Mama einverstanden.

„Also gut, aber wirklich nur noch ein Mal."

Wieder greift sie nach dem Sattel und Finn schiebt sich auf das Rad. Mit Schwung geht es los. Diese Runde macht richtig Spaß. Der Wind bläst Finn um die Nase und er ist blitzschnell.

Schon sieht er das Ende des Weges. Noch ein paar Mal kräftig getreten, dann bremst er ab.

Aber was ist das? Mama ist nicht mehr da.

Finn lässt das Rad fallen und blickt sich suchend um. Da kommt Mama angerannt.

„Du hast es geschafft", jubelt sie. „Du bist die ganze Runde allein gefahren."

Finn kann es fast nicht glauben: er kann Fahrrad fahren! Er fällt Mama um den Hals. Dann will er schnell nach Hause. Er muss unbedingt Felix erzählen, dass er jetzt Rad fahren kann. Und über seinen Geburtstagswunsch muss er auch noch einmal nachdenken. Denn mit Felix' Rad kann er so gut fahren, dass er eigentlich gar kein neues braucht.

Quatschwörter

Yannis sitzt in seinem Zimmer auf dem Boden. Vor ihm liegt ein Blatt Papier. Daneben sind viele Buntstifte auf dem Boden verstreut.

„Noch ein bisschen rot", murmelt Yannis und malt an den unteren Rand seines Bildes einen roten Klecks. Fertig!

„Mama, komm! Ich muss dir was zeigen", ruft Yannis.

Als Mama ins Zimmer kommt, greift Yannis nach seinem Bild und hält es hoch.

„Schön", findet Mama. Dann runzelt sie die Stirn.

„Aber was ist denn das, was du da gemalt hast?"

Yannis schaut sich sein Bild genau an. Dann grinst er.

„Das ist ein Mimuxibus. Siehst du das nicht?"

Mama lacht. „So ein Quatsch. Das Wort hab ich ja noch nie gehört."

„Mimuxibus, Mimuxibus", singt Yannis und findet das Wort sehr schön.

„Gleich gibt es Essen. Was möchtest du dazu trinken?", fragt
Mama, bevor sie das Kinderzimmer wieder verlässt.

„Ein …", Yannis überlegt. „Ein Fidomaliba, bitte."

Mama schüttelt den Kopf. „Kenn ich nicht. Das sind ja wirklich
lustige Wörter, die du da erfindest."

Yannis nickt. Dann läuft er hinter Mama her in die Küche.

Da klingelt es an der Tür.

„Nanu, wer kann denn das sein?", fragt Mama.

„Das ist bestimmt ein Tibolibi", lacht Yannis und flitzt an Mama
vorbei in den Flur. Mama kommt nach und öffnet die Tür.

Draußen steht der Paketbote.

„Sind sie ein Tibolibi?", fragt Yannis und versteckt sich schnell
hinter Mamas Rücken.

„Nein, ich denke nicht. Ich habe ein Paket für euch", lacht der
Mann und hält Mama einen Karton hin.

Mama muss noch etwas unterschreiben, dann verabschiedet sie
sich vom Paketboten und schließt die Tür.

Pipalutus

„Was ist da drin?",
will Yannis wissen.
Aufgeregt hüpft er
auf und ab. Mama trägt das Paket
in die Küche und stellt es auf den Tisch.
Sie holt eine Schere und löst damit vorsichtig das
Klebeband. Neugierig schaut Yannis zu. Dann klappt Mama
den Deckel hoch. Sie lacht und schließt das Paket schnell wieder,
bevor Yannis sehen kann, was drin ist.

„Was ist es?", fragt Yannis jetzt ungeduldig.

„Das ist …", Mama zwinkert Yannis zu.

„Was?" Yannis will jetzt endlich wissen, was in dem Paket ist.

„… ein Pipalutus", ruft Mama und greift in die Kiste. Sie holt
ein grünes Etwas heraus und hält es Yannis hin. Es sieht aus, wie
ein Stoffkrokodil.

„Das hat Oma für dich geschickt", erklärt Mama und drückt
Yannis das Kuscheltier in die Hand.

„Ein echtes Pipalutus", haucht Yannis. Er drückt das Pipalutus-
Krokodil fest an sich.

„Das ist das schönste Pipalutus auf der ganzen Welt", murmelt er.

„Und du bist der beste Wörtererfinder der Welt", lacht Mama.
Yannis nickt. Aber Mama kann sich auch gute Quatschwörter
ausdenken, findet er.

„Und jetzt wird gegessen. Spinat mit Kartoffeln und dazu
Fidomaliba zum Trinken", sagt Mama. Yannis nickt, setzt
sich auf die Bank und legt das neue Pipalutus neben sich.
Quatschwörter erfinden macht nämlich ziemlich hungrig.

Die Kuh und die Fliege

Es ist Abend. Die Kuh Helga steht auf der Weide und gähnt laut.
„Muuuhh, bin ich müde."
Langsam trottet sie in den Stall und stellt sich auf ihren
Schlafplatz.
Sie tritt ein bisschen Heu platt, damit sie nicht in die Hufe
gepikst wird. Dann seufzt sie wohlig und schließt die Augen.
Schon schleicht sich ein leiser Traum durch ihre Gedanken.
Sie träumt von einer riesigen grünen Wiese, voll mit dem besten
Gras der Welt. Die Vögel flattern am Himmel und singen schön.
Doch was ist das für ein Geräusch?
„Ssssss, sssss", hört sie es laut und störend. Das passt nicht in
ihren Traum!

Helga öffnet die Augen. Da sieht sie die kleine Fliege vor ihrem Schlafplatz. Helga will nicht gestört werden! Sie schlägt mit dem Schwanz in Richtung der Fliege, bis diese wegsummt.

Zum Glück! Jetzt kann Helga weiterschlafen.

Doch kaum hat sie es sich wieder gemütlich gemacht und die Augen geschlossen, geht das Gesumme von vorn los.

Nein, das wird Helga sich nicht gefallen lassen! Wieder schlägt sie mit dem Schwanz um sich, diesmal mehrmals nacheinander. Jetzt hört sie nichts mehr, die Fliege muss weg sein.

Aber nicht lange. Die Fliege schwirrt erneut heran und setzt sich ganz frech auf Helgas Kopf. Da wird die Kuh richtig wütend. Sie stampft mit den Hufen und schüttelt heftig den Kopf. Dazu schnaubt sie genervt.

Doch die kleine Fliege lässt sich nicht einschüchtern. Sie summt um Helgas Kopf herum und setzt sich einfach in ihr Ohr hinein. Das geht nicht! Helga überlegt, wie sie den Störenfried loswerden kann.

Da hört sie eine leise Stimme in ihrem Ohr.

„Hallo, Kuh, kannst du bitte mal zuhören?" Helga glaubt es nicht. Die Fliege spricht mit ihr!

„Ähm, ja, was ist denn?", fragt sie unsicher.

„Warum musst du denn die ganze Zeit rumwackeln? Ich kann gar nicht schlafen."

Helga traut ihren Ohren nicht.

„Was? Du kannst nicht schlafen?", fragt sie erstaunt.

„Genau", antwortet die Fliege. „Die ganze Zeit zappelst du herum, ich finde gar kein ruhiges Plätzchen."

„Aber, aber", stammelt Helga, „du störst doch mich beim Schlafen! Andauernd schwirrst du um mich herum und summst so laut, dass ich keine Ruhe habe."

Die Fliege kichert. Das klingt lustig und kitzelt in Helgas Ohr.

„Ich schwirre doch nur herum, weil du nicht ruhig liegen bleibst."

Jetzt muss Helga richtig lachen.

„Und ich bleibe deshalb nicht ruhig liegen, weil du herumschwirrst!"

Die Fliege krabbelt aus Helgas Ohr und setzt sich der Kuh auf die Nase. Helga betrachtet sie genau und schielt ein bisschen dabei.

„Also", sagt die Fliege, „du hörst jetzt mit dem Gewackle auf und ich bleib ruhig sitzen und schwirre nicht herum."

„Ja", stimmt Helga zu, „dann können wir endlich beide in Ruhe schlafen."

Als die Fliege sich von Helgas Nase erhebt, lächelt die Kuh. Das wird sicher eine schöne Nacht. Vielleicht träumt sie ja sogar von der lustigen Fliege.

In der Hüpfburg

Heute machen Nele und Papa einen Ausflug.
Auf dem Dorffest ist eine Hüpfburg
aufgebaut, da wollen sie hin. Sie fahren zwei
Stationen mit der Straßenbahn und
gehen ein Stück zu Fuß. Auf dem Weg
hopst Nele an Papas Hand.

Als sie auf den Dorfplatz zugehen, sieht Nele vier rote Türme
mit roten Spitzen. Papa bezahlt an der Kasse. Dann gehen sie
ganz nah an die Hüpfburg heran. Zwischen den Türmen ist eine
große rote Mauer, darunter ein dicker Boden. Ziemlich wabbelig
sieht das Ganze aus. Und laut ist es hier! Papa erklärt Nele, dass
der Lärm von den Pumpen kommt, die Luft in die Gummiburg
blasen.

In der Burg sind drei Kinder. Alle sehen älter aus als Nele. Sie
hopsen wild, sodass die Burg ganz schön wackelt.

„Na, was ist? Willst du rein?", fragt Papa. Aber Nele wartet noch
ein bisschen, bis die anderen Kinder aus der Burg rauskrabbeln.
Dann zieht sie ihre Schuhe aus und stellt sie vor der roten Mauer ab.
Als Nele den Fuß auf den dicken Gummiboden setzt, fühlt sich
das komisch an. Der Boden ist ganz weich und wackelig und
sie sinkt ein bisschen ein. Sie tastet sich ein Stück an der Wand
entlang. Ganz vorsichtig, denn auch die Wand ist weich und
wackelig. Langsam lässt sie los und macht ein paar Schritte in
die Mitte.

Jetzt fängt Nele an, mit den Füßen zu wippen. Sie muss kichern, das kitzelt in den Beinen. Sie macht einen Probehüpfer. Erst leicht, dann fester. Als sie aufkommt, knicken ihre Beine weg und sie fällt auf den Po. Das macht nichts, denn der Boden ist ganz weich. Sie kann leicht wieder aufstehen.

Jetzt wird Nele mutiger und hüpft höher. Das ist witzig, fast wie auf dem Trampolin bei den Nachbarn. Sie lässt sich auf den Po fallen und versucht, mit Schwung wieder auf die Beine zu kommen. Sie probiert es immer wieder und bemerkt nicht, dass Papa sich auch die Schuhe auszieht. Plötzlich steht er neben ihr und lacht.

„Na, Kleine, bist du bereit für einen wilden Papa-Hüpfer?"
Nele nickt. Papa steht ein paar Schritte von ihr entfernt und fängt an zu springen. Das sieht lustig aus. Seine Haare fliegen beim Landen nach oben. Nele merkt, wie der Boden um sie herum wackelt. Papa ist so schwer, dass sie in die Höhe geschubst wird, wenn er aufkommt. Sie fällt hin und muss kichern. Nele bleibt liegen und lässt sich vom Papa-Hüpfer nach oben heben. Mit dem ganzen Körper fliegt sie ein Stück in die Luft und kommt wieder auf.

„Komm mach mit", ruft Papa. Nele steht auf und hüpft mit Papa an der Hand. Immer höher und höher. Noch ein paar wilde Sprünge, dann bleibt Papa stehen.

„Puh, ist das anstrengend, jetzt brauch ich eine Pause."
Als sie draußen ihre Schuhe wieder anziehen, ist Nele ganz froh, dass der Boden nicht mehr wackelt.

Das Loch im Gespensterkleid

Eufridamus, das kleine Gespenst, wohnt in einem uralten
Schloss. Dort ist es ziemlich langweilig, findet Eufridamus.
Einen Schlossherrn, den man erschrecken könnte, gibt es
schon seit mehr als hundert Jahren nicht mehr. Bis auf ein paar
Ritterrüstungen, zwei Mäuse und vier Spinnen lebt in dem
Schloss nichts und niemand. Darum freut sich Eufridamus auf
einen Tag im Jahr ganz besonders. Denn dann ist der große
Gespensterball im alten Rittersaal. Heute ist es wieder soweit.
Gespenstertante Tibaldia und Gespenstercousine Kokoloria
werden gleich kommen.
Eufridamus schwebt beschwingt die Schlossgänge zum Keller
hinab. Dort ist sein gespenstisches Schlafzimmer. Er öffnet
voller Vorfreude die quietschende Tür des Gespensterschranks.
Eufridamus möchte heute Abend besonders schick sein. Darum
will er sein gutes Gespensterkleid anziehen. Er zieht das weiß
schimmernde Kleid aus dem Schrank.
„Uiuiuiui", heult er plötzlich auf. „Nein, nein, nein, das darf
nicht wahr sein!"
In seinem wunderschönen Gespensterkleid ist ein riesengroßes
Loch!
„Was mach ich nur, was mach ich nur?", jammert Eufridamus.
Sein Gejammer ist so laut, dass die zwei Mäuse und die
vier Spinnen, die mit Eufridamus im Schloss leben, besorgt
angelaufen kommen.

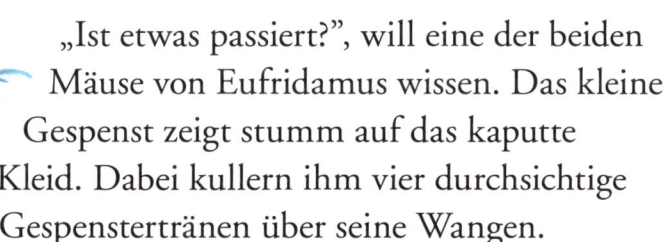

„Ist etwas passiert?", will eine der beiden Mäuse von Eufridamus wissen. Das kleine Gespenst zeigt stumm auf das kaputte Kleid. Dabei kullern ihm vier durchsichtige Gespenstertränen über seine Wangen.

„So kann ich unmöglich auf den Gespensterball gehen. Alle werden über mich lachen", schluchzt Eufridamus.

„Beruhige dich. Wir können dir helfen", die Spinnen nicken einander zu.

„Halte das Kleid an den Ärmeln fest und bleib ganz ruhig stehen", weist eine der Spinnen Eufridamus an. Die vier Spinnen huschen auf das Kleid und versammeln sich um das Loch. Schnell spinnen sie ein paar Fäden und weben damit den Riss im Kleid zu. Nach wenigen Minuten krabbeln die Spinnen zufrieden auf den Boden zurück.

„Fertig. Probier das Kleid mal an", fordert eine der Spinnen Eufridamus auf. Erleichtert schlüpft er in das reparierte Festtagskleid. Kaum hat er es angezogen, weht ein leichter Windhauch vom Treppenhaus herein. Da erscheinen auch schon Gespenstertante Tibaldia und Gespenstercousine Kokoloria in der Tür.

„Hier steckst du also", ruft Tibaldia. „Beeil dich, die anderen Gäste sind auch schon da. Der Ball kann beginnen."

Eufridamus lächelt. Dann flüstert er den Spinnen schnell „Vielen Dank!" zu und strafft die Schultern. Das wird bestimmt ein herrlicher Gespensterball. Und Eufridamus sieht in seinem geflickten Gespensterkleid wirklich wunderschön aus.

Alles Gute zum Geburtstag

Heute geht Pia zur Geburtstagsfeier ihrer Freundin Tina. Und
zwar ohne Mama, denn Tina wird vier und alle Kinder kommen
ohne ihre Eltern.
An der Tür von Tinas Wohnung verabschiedet Mama sich und
sagt: „Viel Spaß, mein Schatz. Ich hole dich später wieder ab.“
Pia spürt einen Kloß im Hals, als die Tür hinter Mama zu geht.
Doch da zieht Tina sie schon hinter sich her in die Küche.
„Komm, wir essen Kuchen. Anton ist auch schon da.“ Eigentlich
hat Pia keinen Hunger, aber der Zuckerguss von dem Kuchen
schmeckt gut.

Nach dem Essen gehen sie ins Wohnzimmer und setzen sich auf
den Boden.

„Jetzt spielen wir Topfschlagen", sagt Tinas Mama.

„Ich fang an, ich bin das Geburtstagskind", ruft Tina.

„Nein!", protestiert Anton, „ich bin der Gast, deswegen fange ich
an."

„Nicht streiten", beruhigt Tinas Mama die beiden.

„Jetzt fängt Tina an, beim nächsten Spiel Anton."

„Das ist ungerecht", murrt Anton.

Doch Tina hat schon ein Tuch um die Augen gebunden und
kniet sich hin. Mit dem Löffel schlägt sie auf den Boden und
krabbelt durch das Zimmer. Als sie ganz nah an den Topf
kommt, schreit Pia: „Heiß!"

Noch ein kleines Stück, dann trifft Tina den Topf. „Klong!"

Sie reißt sich das Tuch von den Augen und hebt den Topf an.
Darunter liegt eine kleine Tüte mit Gummibonbons. Jetzt ist
Anton an der Reihe.

„Anton, du bist dran", ruft Tinas Mama.

Doch Anton ist nicht im Wohnzimmer. Aus dem Gang hören sie ein Geräusch. Anton steht vor der Garderobe und greift nach seiner Jacke.

„Ich will nach Hause", schluchzt er.

Jetzt ist der Kloß in Pias Hals wieder da. Das passiert ihr oft, wenn andere Kinder weinen. Tinas Mama nimmt Anton in den Arm und tröstet ihn, bis er nicht mehr traurig ist. Da schluckt Pia ihren Kloß herunter und folgt den beiden zurück ins Wohnzimmer. Bevor das Topfschlagen weitergeht, liest Tinas Mama den Kindern auf dem Sofa eine Geschichte vor. Dabei merkt Pia, wie ihr Kloß sich endlich ganz auflöst.

Später gehen sie in den Garten und spielen Eierlaufen und Fangen. Das ist richtig lustig und Pia hört gar nicht, dass es an der Tür klingelt. Auf einmal steht Mama neben ihr.

„Hallo, Pia, ich komme dich abholen".

„Och, schade", sagt Pia. Obwohl sie sich freut, dass Mama da ist. Sie verabschieden sich von Tina und gehen nach Hause.

Auf dem Weg fragt Mama: „War es schön?"

Pia nickt. Sie erzählt Mama, was sie alles gemacht haben. Dabei merkt sie, dass ihr der Nachmittag eigentlich ganz gut gefallen hat. Im nächsten Jahr wird es ihr bestimmt nichts mehr ausmachen, ohne Mama dazubleiben. An Geburtstagsfeiern ohne Eltern muss man sich schließlich erst einmal gewöhnen.

Daniel malt blau

Daniel sitzt in der Küche und schaut
Papa beim Kochen zu.
„Papa, spielst du mit mir?", fragt Daniel.
Aber Papa muss noch die Pizza belegen, er
kann jetzt nicht spielen.
„Mal doch etwas", schlägt er vor.
Gemeinsam holen sie die Malsachen aus
dem Schrank. Auf den Tisch legen sie den Malblock und
einen Pinsel. Papa füllt ein Glas mit Wasser. Daniel klappt den
Malkasten auf.
Er taucht den Pinsel ins Wasser und streicht damit über die
blaue Farbe. Als Erstes malt er einen großen blauen Kreis in die
Mitte des Papiers.
Dann tunkt er den Pinsel wieder ein und rührt damit in der
gelben Farbe. Er malt einen nassen gelben Punkt neben den
blauen Kreis. Als Nächstes macht er einen roten Strich. Mit viel
Wasser, das gefällt Daniel.
Jetzt muss er auf die Toilette.
„Ich geh aufs Klo", ruft er und rennt ins Bad.
Als er zurückkommt, stutzt er. Sein Bild sieht ganz verändert
aus. Zwischen dem blauen Kreis und dem gelben Punkt leuchtet
eine grüne Linie. Und neben dem roten Strich schimmert etwas
Orange.
„Papa", ruft Daniel entrüstet, „wer hat in mein Bild gemalt?"

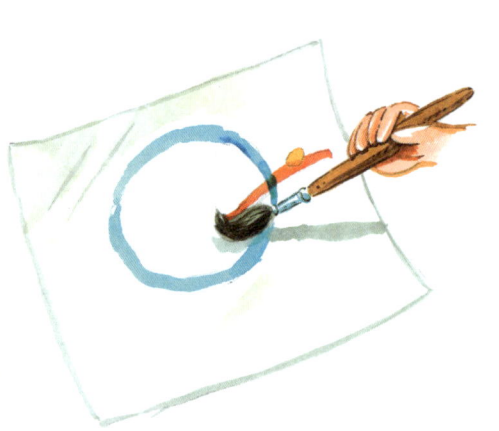

Papa betrachtet das Bild.

„Das war Zauberei", sagt er und
blinzelt Daniel zu.

Daniel versteht das nicht.

Papa erklärt ihm, dass jeder Maler
mit seinen Farben zaubern kann.

„Wenn der Maler Blau und Gelb mischt, kann er daraus Grün
zaubern", sagt Papa. „Und Gelb mit Rot gemischt zaubert
Orange."

Das findet Daniel toll. Er muss jetzt unbedingt alle Farben
im Kasten ausprobieren und mischen. Das wird ein tolles
Zauberbild.